Hanna Haller

Mit 26 Liedern durchs Abc

Kinder singen und spielen zu allen Buchstaben

Mit Begleit-CD

Persen Verlag GmbH

Gedruckt auf umweltbewusst gefertigtem, chlorfrei gebleichtem
und alterungsbeständigem Papier.

1. Auflage. 2006

Illustrationen: Marie-Anne Didierjean
Satz: Fotosatz H. Buck, Kumhausen
Druck und Bindung: Ludwig Auer GmbH, Donauwörth
ISBN 978-3-8344-**3535**-4

www.persen-verlag.de

Inhalt

Geleitwort

Die didaktischen Ideen mit dem Ziel, das Erlernen der Buchstaben zu erleichtern und dessen Nachhaltigkeit zu sichern, sind Legion. Sie werden mit dem vorliegenden Liederbüchlein um eine interessante Variante bereichert. Gewiss hat es auch in der zurückliegenden Zeit schon Lieder dieser Art gegeben, in dieser Geschlossenheit, Kompaktheit, Verschiedenheit und dem Reichtum an Anregungen zu mannigfachen weiteren Aktivitäten kenne ich nichts Vergleichbares. Dabei ist die Idee zu singen ebenso überzeugend – nicht erst seit den Forschungsergebnissen der Neurologie, auf die die Autorin verweist – wie sie auch alt ist. Seit dem 19. Jahrhundert kennt der Volksmund den Vers

„Wo man singt, da lass dich ruhig nieder, böse Menschen haben keine Lieder."

Er ist das Extrakt eines Gedichtes von Seume, einem weit gereisten Schriftsteller, Sprachlehrer und Korrektor eines Verlags, das dieser in der Zeitschrift „Zeitung für die elegante Welt" 1804 veröffentlicht hat. Der Gedanke, dass Gesang Vertrauen begründet, ist aber noch wesentlich älter und reicht in die Renaissance zurück.

Mit diesem kleinen Ausflug in die Geschichte eines Gedankens möchte ich zum Ausdruck bringen, dass die Lieder von Hanna Haller in einer großen, kulturell bedeutsamen Tradition stehen. Schon allein dies ist Grund genug, sie reichlich zu nutzen. Und wenn es gelingt, mit dem Singen dieser Lieder mit kleinen Kindern am umgrenzten Ort eines Klassenzimmers ein klein wenig zum Glück der Menschen in dieser Welt beizutragen, dann haben sie ihren Sinn erfüllt.

Kurt Meiers

Vorwort

Liebe Leserinnen und Leser,

die erste Begegnung mit Buchstaben mag für Schüler unterschiedlicher Herkunft und Entwicklung sehr verschieden sein. Dieses Buch entführt Kinder im Anfangsunterricht der Grund- oder Sonderschule in ein fantasievolles Land, wo es *Elfen und Elefanten* gibt und *Pit Pustewind* zum Pusten anregt. Die Kinder *backen mit dem B*, reisen zu *Yelda in die Türkei*, besuchen *Viktor, den Vampir* und vieles mehr.

Die Buchstabenlieder möchten Anregungen auf vielfältige Art und Weise geben:

- emotional (durch die oftmals personifizierten Laute und Buchstaben)
- sozial und interaktiv (wir berühren einander) und
- taktil-kinästhetisch.

Je nach Vorliebe übernehmen die Kinder verschiedene Rollen in den Liedern. Manche werden es lieben, sich in den Liedern darstellen zu dürfen. Andere lieben das Singen in der Gruppe. Wieder andere Kinder brauchen Lieder zur emotionalen Förderung und manche werden die Lieder lieben, weil sie in Verkleidungen oder Rollen eintauchen wollen. Die vielen Umgangsformen mit den Lauten und Buchstaben ermöglichen zahlreiche kleine und große Erfolgserlebnisse, welche wichtig sind für die weitere Einstellung zum Lernen mit Sprache und die Entwicklung eines positiven Selbstkonzepts.

Da diese Lieder einen ausgeprägten Wiederholungscharakter haben, helfen sie den Kindern auf einfache Art, Laute erneut zu bilden und sie zu üben. Das ist nicht nur für Kinder mit einer Sprachentwicklungsverzögerung oder für Kinder mit Migrationshintergrund wichtig, sondern auch für Kinder mit einer Tendenz zu LRS.
Leider ist es oftmals so, dass beim Erlernen der Buchstaben die lautliche Komponente zugunsten der grafischen vernachlässigt wird, obwohl Forschungen ergeben haben, dass bei Kindern mit LRS vielfach auditive Wahrnehmungsstörungen vorliegen (vgl. Spitzer, M.: Lernen. Heidelberg, 2002 und Rosenkötter, H.: Auditive Wahrnehmungsstörungen. Stuttgart, 2003). Um das Sprechen und das phonologische Bewusstsein zu fördern, ist es wichtig, die Kinder auf vielfältigste Art und Weise (unter Einbeziehung aller Sinne) die Laute spüren zu lassen. Einige Buchstaben, wie z.B. das E oder Y, haben verschiedene Lautentsprechungen, die in den Liedern berücksichtigt werden. Die Wiederholungen der Laute im Lied haben zudem einen hohen Wiedererkennungswert, welcher bei den Kindern Sicherheit und Vertrauen fördert.
Auch die handlungsorientierte und emotionale Verknüpfung bewirkt, dass sich Kinder die Buchstaben bzw. deren lautliche Entsprechungen besser merken können. Schön wäre es, passend zum jeweiligen Buchstabenlied große Buchstaben zur Ansicht einzusetzen, z.B. aus Pappe oder Filz. Zu diesem Zweck können die Hohlbuchstaben auf Seite 42–44 kopiert und vergrößert werden. Je nach Liedtext können Gesichter auf die Buchstaben gemalt oder gestickt oder Flügel angebracht werden etc. Auch Fingerpuppen sind denkbar; der Fantasie sind keine Grenzen gesetzt. Sinnvoll ist es auch, die Laute mit Gebärden zu begleiten (vgl. Dummer-Smoch, L.: Mit Phantasie und Fehlerpflaster. München, 2002).

Die Lieder sind als Angebot gedacht und lassen viele Differenzierungsmöglichkeiten zu:

- Sie können einstrophig oder mehrstrophig gesungen werden.
- Sie können ausführlich oder einfach gestaltet werden.
- Die Kinder können ihre eigenen Ideen in die Liedgestaltung einbringen, die Texte verändern oder neue Strophen hinzudichten.

Bei einigen Liedern gibt es Begriffe, die im Vorfeld geklärt werden sollten (z.B. englische Begriffe). Auch gibt es bei einigen Liedern Hinweise zur Schreibweise der Buchstaben oder kleine zusätzliche Lieder (z.B. zum Ei), die mit den Kindern weiterführend gesungen werden können.
Die ursprüngliche Struktur von Volks- und Kinderliedern ist die Grundlage der meisten Lieder. Sie sind dadurch sehr eingängig und von Kindern und Lehrern leicht nachzusingen und z.B. mit der Gitarre zu begleiten. Die beigefügte CD dient der Veranschaulichung und kann natürlich auch mit den Kindern zusammen gehört werden.

„Musik vertreibt die Angst", so ist es u.a. auch in dem Buch von Prof. Dr. Dr. Manfred Spitzer (Musik im Kopf. Stuttgart, 2003) nachzulesen. Ohne Bewertung und ohne Leistungsdruck, nur zum Selbstzweck *Singen* sollen diese Lieder eingesetzt werden. Sie wollen verstanden werden als zusätzliches Übungsmaterial, das den Kindern einen spielerischen Umgang mit Lauten und Sprache ermöglicht.

Viel Spaß mit den Buchstabenliedern wünscht

Hanna Haller

Alle sind da!

Track 1

Singen und Spielen

Der Buchstabe A wird aus Pappe ausgeschnitten. Jedes Kind bekommt ein A. Alle Kinder stellen sich im Kreis auf, nur ein Kind setzt sich in die Mitte.

Die Kinder singen gemeinsam den Anfang des Liedes:
Am Abend war das A allein, es wollte nicht alleine sein.
Dann singt das Kind in der Mitte zweimal:
A, A, A, was mach ich da? A, A, A.
Im zweiten Teil treten alle zur Mitte und trösten das einsame A:
Da kamen viele A's zur Tür herein, da war das arme A nicht mehr allein.

Gemeinsam singen sie und klatschen im Takt dazu:
A, A, A, hurra, hurra! Alle A's sind da!
A, A, A, hurra, hurra! Alle A's sind da!

Textvariante:
– *Ach, ach, ach, was mach ich da?*
– *Ja, ja, ja, hurra, hurra …*

So schreibe ich das B

Track 2

Singen und Spielen

Beim Lied zur Schreibweise wird das B von den Kindern textbegleitend in die Luft oder mit blauen und braunen Stiften auf Papier geschrieben.

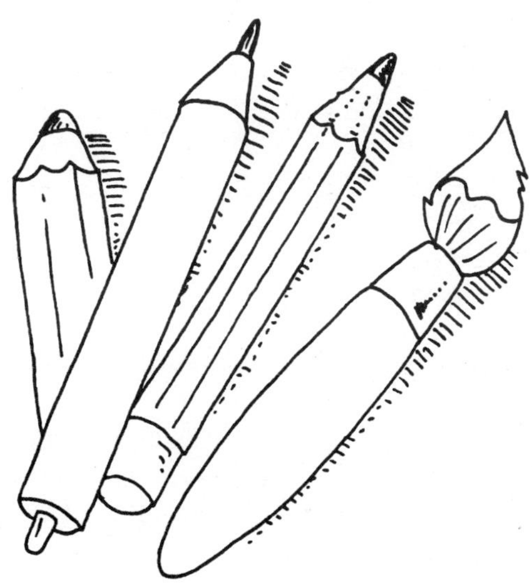

Backen mit dem B

Track 3

Singen und Spielen

Beim Singen können die Kinder pantomimisch das Backen imitieren.
Noch schöner ist es natürlich, mit den Kindern richtige Brötchen, Brote oder Brezeln zu backen. Beim Backen kann das Lied angehört oder gesungen werden.

Computer im Internetcafé

Track 4

Singen und Spielen

Das C findet man als Anlaut im Deutschen häufig in Fremdwörtern.
Es darf an der Stelle *Suchst du am Computer nach dem großen C* auch als „Ce“ ausgesprochen werden, um es bewusst vom K oder vom Z abzusetzen.
Parallel zum Lied kann das Klassenzimmer oder der Computerraum in ein Internetcafé verwandelt werden. Die Kinder suchen auf der Tastatur eines Computers nach dem C.
Es können auch eine kleine Mail bzw. ein Brief oder ein Bild versendet werden. Diese Sequenz könnte noch weiter ausgebaut werden, indem die Kinder das Land Chile im Internet suchen.

Ich drück dich

Track 5

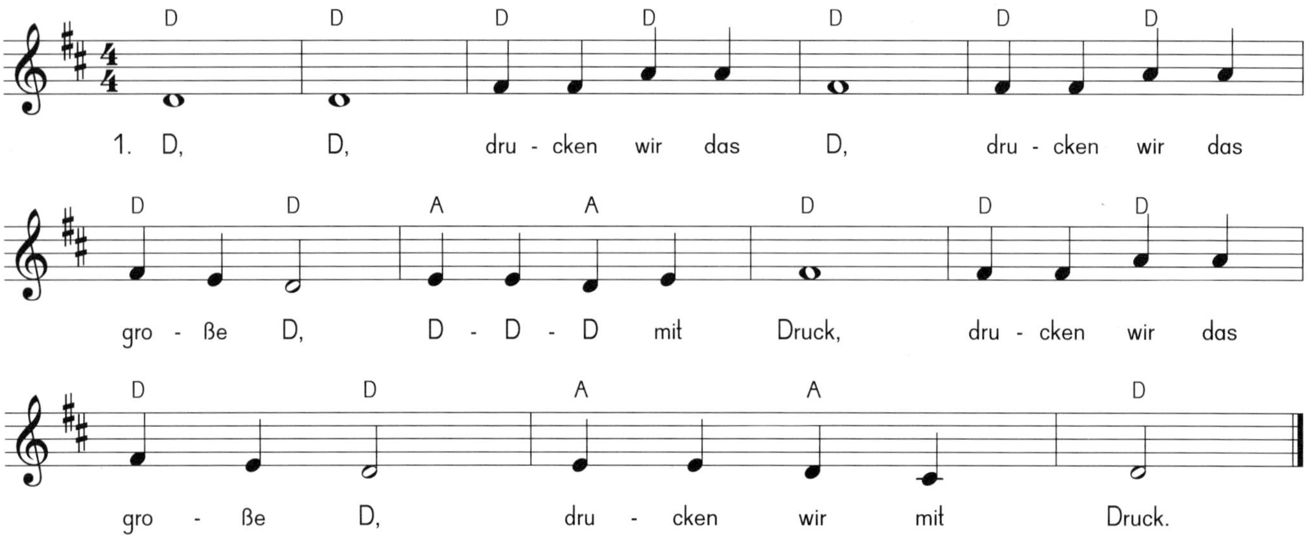

2. Dong, dong, dröhnt ein Donnerschlag,
dröhnt der Donner an mein Ohr,
Donner-Donnerschlag,
dröhnt der Donner an mein Ohr,
dong, dong, dong, dong, dong.

3. Du, du, drück ich deine Hand,
drück ich deine kleine Hand,
drück ich dich ganz lang,
drück ich deine kleine Hand,
dann wird's dir nicht bang.

Singen und Spielen

Alle Kinder sitzen oder stehen hintereinander. In der Hand hält jedes Kind einen D-Stempel aus Moosgummi oder Styropor, als Backförmchen o.Ä.
Bei der 1. Strophe stempeln sich die Kinder gegenseitig ein D auf den Rücken.
Variante: Die Kinder malen sich mit den Fingern ein D mit Druck auf den Rücken. Für die richtige Lautierung ist es wichtig, die Anweisung zu geben, gleichzeitig die Zunge mit Druck hinter die Zähne zu setzen.
Bei der 2. Strophe stehen alle Kinder im Kreis. Ein Kind kann mit einem Gong die Donnerschläge imitieren. Den Donnerschlag auf einem Gong oder einer Zimbel kann man auch mit der Hand fühlen, wenn der Gong nachvibriert.
Bei der 3. Strophe geben sich alle Kinder die Hand. Sie geben den Druck weiter.

Die einzelnen Strophen können wiederholt bzw. mehrmals hintereinander gesungen werden.

Von Elefanten, Elfen und Feen

Track 6

Ei, ei, ei

Track 7

Singen und Spielen
(Lied zum E)

Zu Beginn des Liedes stehen die Kinder im Kreis. Sie malen ein E in die Luft: *lang* – senkrechter Strich, *kurz-kurz-kurz* – drei waagrechte Striche.
Zur 1. Strophe setzen sich alle Kinder im Kreis auf die Erde. In der 2. Strophe stehen die Kinder wieder auf. Sie führen eine Hand zur Nase, mit der anderen Hand durchfassen sie den entstandenen Hohlraum und imitieren einen Rüssel. Dazu wird gleichzeitig im Rhythmus gestampft. In der 3. Strophe ahmen die Kinder die Elfen durch kleine Flügelschläge mit den Armen nach. Anschließend spielen sie in der 4. Strophe die Fee nach, die mit großen, langsamen Flügelschlägen aus dem See empor steigt und Essen bringt.
Dann kann gefeiert werden: Das *Cheowahee* ist gedacht als ein lautmalerischer Tanz, der auch unabhängig vom Lied immer wieder alleine gesungen werden kann. Passend dazu kann im Rhythmus geklatscht und gestampft werden.

Singen und Spielen
(Zusatzlied zum Ei)

Bei dem Lied zum Ei können die Kinder beim Singen die Aktionen pantomimisch nachspielen. Noch schöner ist es natürlich, mit den Kindern einen richtigen Kuchen zu backen. Beim Backen kann das Lied angehört oder gesungen werden.

Kleine Feder flieg

Track 8

Singen und Spielen

Alle Kinder bekommen eine Feder in die Hand und pusten sie bei *f-f-f-flieg* weg.
Da der F-Laut schlecht zu hören ist, kann ersatzweise auch *flieg, fliege, flieg* gesungen werden.
Es sollte auf die richtige Lautbildung geachtet werden.

Als Variante können die Kinder zu Beginn des Liedes ein F in die Luft malen:
lang – senkrechter Strich, *kurz-kurz* – zwei waagrechte Striche.

Ein glückliches, großes, glitzerndes Gefühl

Track 9

Singen und Spielen

Dieses Lied könnte auch das *Lied von den Gefühlen* heißen. Anfangs werden mehrere große G-Buchstaben aus weißem Karton mitgebracht, falls notwendig bereits ausgeschnitten. Sie können dann von den Kindern folgendermaßen gestaltet werden:

- mit lachenden Gesichtern verziert (glücklich)
- goldgelb bemalt
- mit glitzerndem Sand bestreut (darunter doppelseitig klebende Folie)
- mit glitschigem Klebstoff, glitschiger Seife oder glitschiger Fingerfarbe bestrichen
- mit gemütlichem, weichem Stoff beklebt
- das glimmende Glutgefühl kann rot-gelb wie Feuer gemalt werden

Die Kinder können weitere G-Gefühle suchen und benennen. Das Lied hat eine sehr einfache Melodie, damit die Kinder es beliebig erweitern können.
Um das Lied einzuführen, bietet es sich an, die Gefühle mit Bildern (für glücklich, groß, goldgelb, gemütlich), Gesten und Gegenständen (für glitschig, glitzernd, glimmend) zu verdeutlichen.

Die kleine Hexe Heidiwei

Track 10

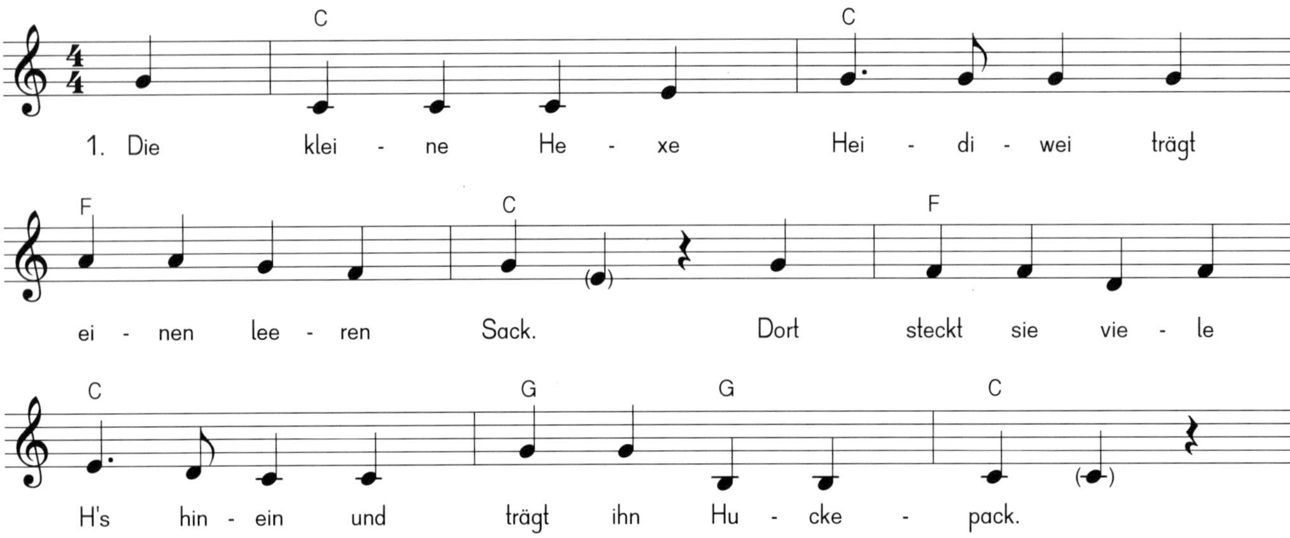

2. Sie trifft den kleinen, armen Hund bei allergrößter Hitze. Sie schenkt ihm viele schnelle H's, damit er nicht verschwitze.

3. Die kleine Heidi sitzt vergnügt vor vielen hellen Kerzen. Da bringt die Hexe H's herbei: „Nun puste mal von Herzen!"

4. Sie trifft auf Hui, den Wirbelwind, der sitzt im hohen Baum. „Ach, liebe Hexe, gib mir H's. Ein Sturm, das wär mein Traum."

5. Der Hui-Sturm, der heult heftig los, die Hexe holt den Besen. Die kleine Hexe tanzt und lacht. Das ist ein Spaß gewesen!

Singen und Spielen

Die Kinder stellen zuerst mehrmals den Buchstaben H her, z.B. aus aufgeklebten Halmen, aus einer kleinen Holzleiter oder einfach aus hellblauem Tonpapier.

Wenn das Lied als Spielstück aufgeführt wird, gibt es verschiedene Rollen zu besetzen: Die Hexe Heidiwei, einen Hund, ein Kind und den Windgeist Hui.

Der Hund bekommt seinen Buchstaben in mehrfacher Ausführung und darf eine Runde lang kräftig hecheln.
Heidi braucht das H zum Pusten.
Der Wirbelwind Hui bläst kräftig *Hui, hui, hui.*

I wie Ich!

Track 11

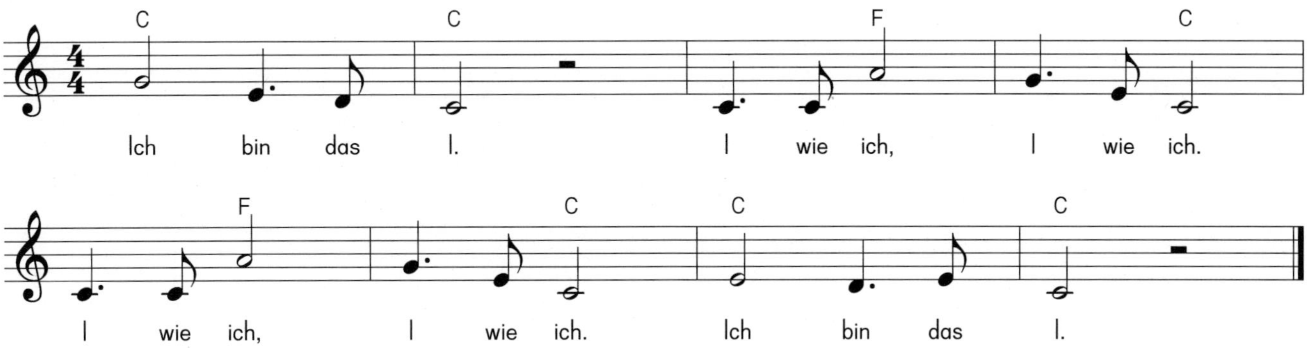

Singen und Spielen

Bei *Ich bin das I* wird ein I mit dem Zeigefinger dargestellt. Bei *I wie Ich* zeigt jedes Kind mit dem Zeigefinger auf sich selbst.

Dieses Lied eignet sich sehr gut für den Schuljahresbeginn. Es kann wiederholt und vielfältig variiert gesungen werden: Mal schnell, mal langsam, mal laut, mal leise usw.

Ja, ich bin da!

Track 12

Singen und Spielen

Da „Ja“ wohl eines der wichtigsten J-Wörter ist, hat es in diesem Lied das Monopol auf diesen Buchstaben.
Das Ja-Lied kann auch in Kombination mit dem Nein-Lied (siehe S. 26) gesungen werden.

Knut Krimskrams und sein Kaufladen

Track 13

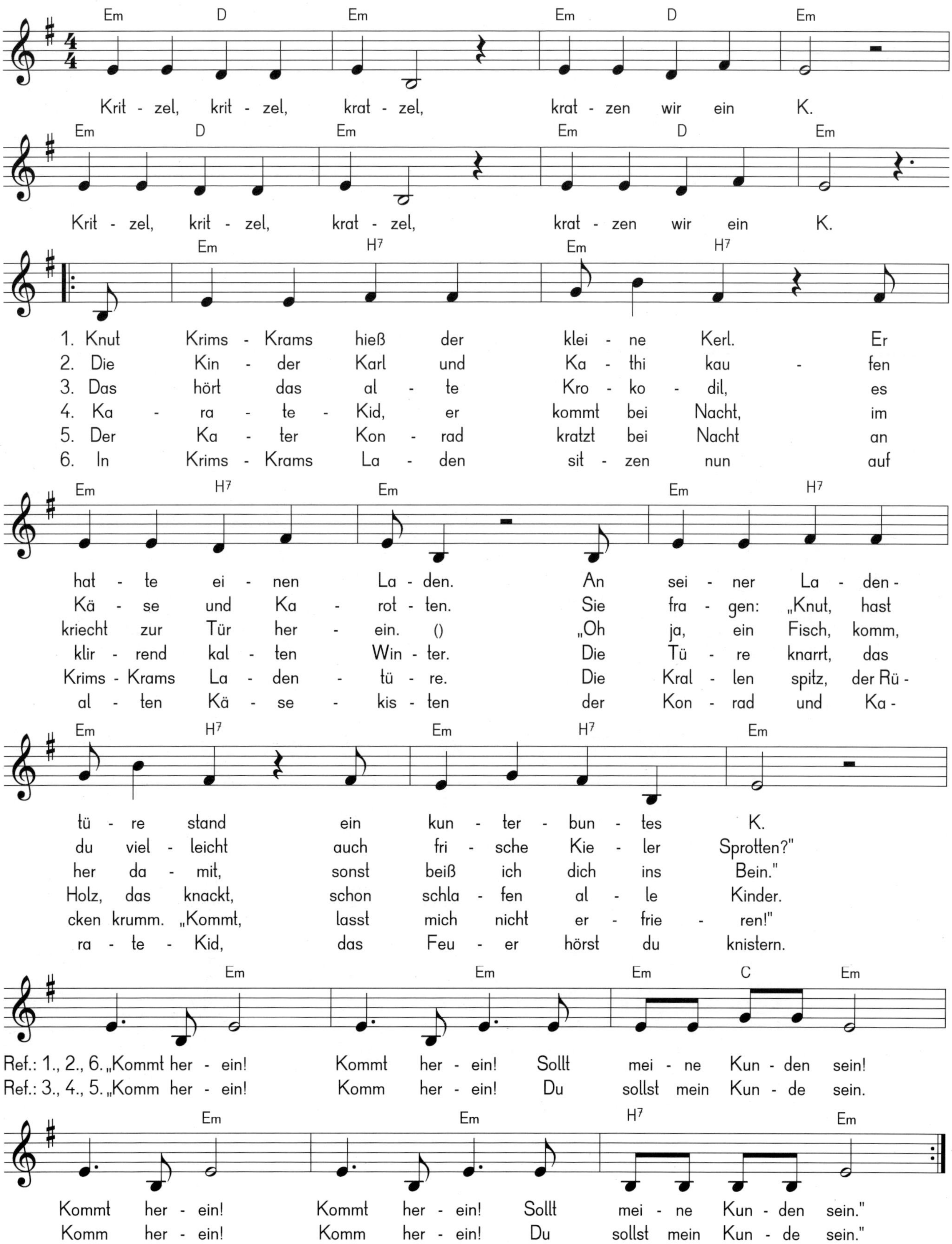

Singen und Spielen

Zuerst kann ein kunterbuntes Bild mit Wachsmalstiften gemalt werden. Dann kommt schwarze Farbe („schwarz wie Kohle") darüber und das K wird mit 3 Strichen herausgekratzt, begleitend durch die 3 Worte *kritzel-kritzel-kratzel.*

Das Lied zum K spielt in einem Kaufladen. Es werden mehrere Rollen verteilt: Der Kaufladenbesitzer Knut Krimskrams, die Kinder Karl und Kathi, das Krokodil, Karate-Kid und der Kater.
Bevor das Lied gespielt wird, wird der Kaufladen mit Gegenständen eingerichtet, die mit einem K beginnen, z.B. Kuchen, Kakao, Kaffee, Kieler Sprotten, Kaugummi, Kekse, Kichererbsen, Käse, Kartoffeln. Die Kinder können diese Dinge auch von zu Hause mitbringen.
Das Lied lässt sich auch zu einem kleinen Hörspiel ausbauen, indem mit den Kindern zusammen eine Kassette mit den dazugehörigen Geräuschen aufgenommen wird, wie das Kratzen an der Tür, das Feuer, wie es knackt und knistert, die knarrende Tür usw.
Es gibt noch viele Möglichkeiten, das Lied zu erweitern, z.B. kauen die Kinder im Laden Kaugummi, sie kichern oder knabbern Kekse, die Kartoffeln kullern aus der Kiste, die Käfer krabbeln, die Kinder kitzeln sich, die Köchin kocht Kartoffelbrei.

Mal laut, mal leise

Track 14

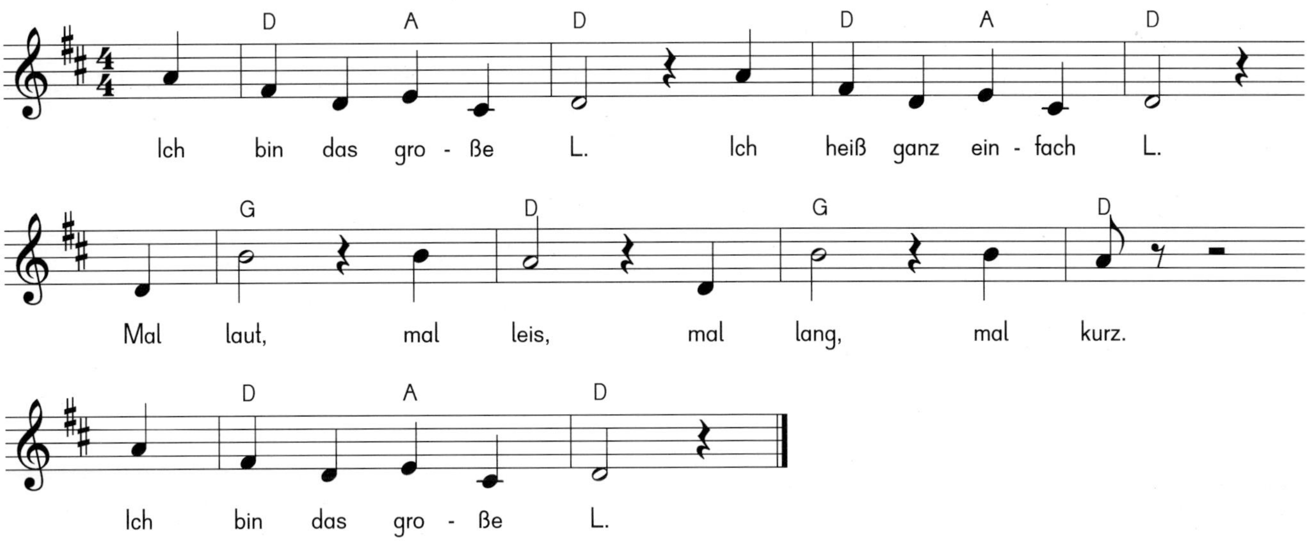

Singen und Spielen

Mit Zeigefinger und Daumen wird ein L gebildet. Der Zeigefinger bildet den langen Strich, der Daumen den kurzen. Bei *mal lang* fährt man mit den Fingern der anderen Hand den Zeigefinger nach, bei *mal kurz* den Daumen. Bei *laut* und *leis* darf natürlich laut und leise gesungen werden.

So schreibe ich das M

Track 15

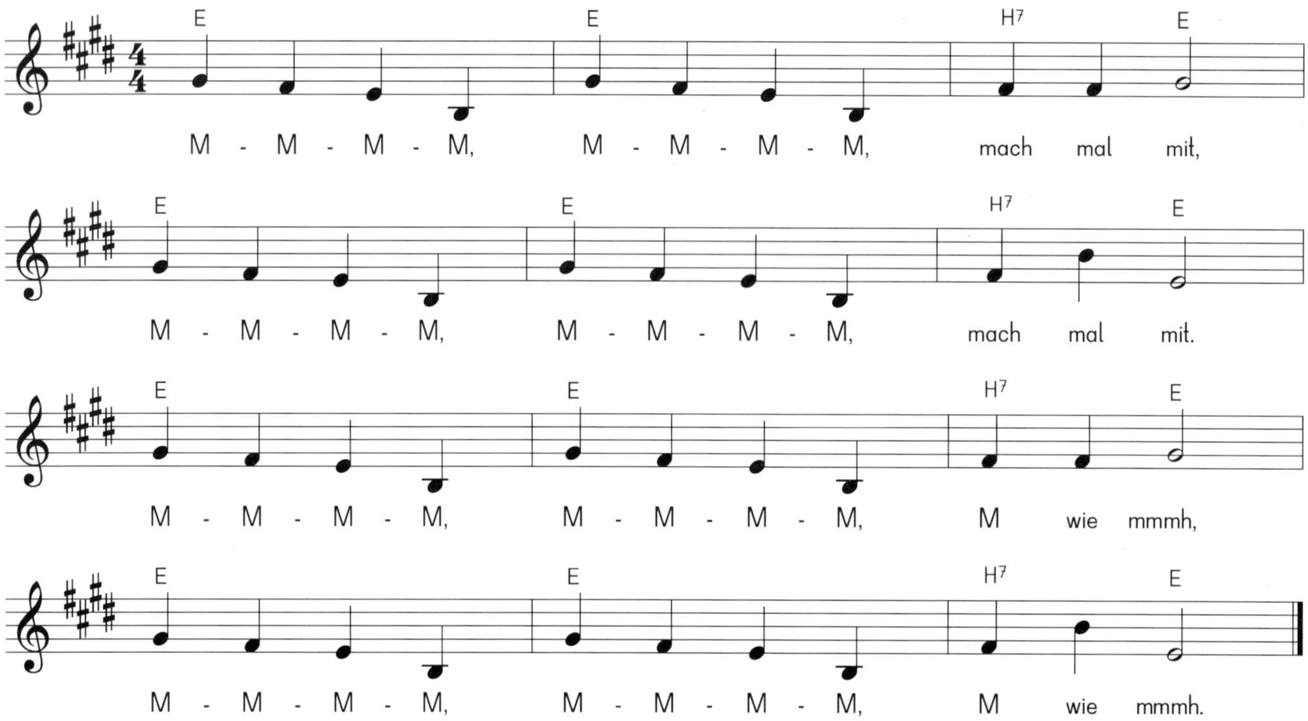

Mmmh!

Track 16

Singen und Spielen

Das erste Lied eignet sich zur Einführung der Schreibweise des M. Die Kinder sitzen am besten hintereinander. Die vier grundlegenden Striche des M werden parallel zu den gesungenen vier M auf den Rücken des Vordermanns gemalt, d.h. das erste M bedeutet den ersten Aufstrich usw. Wenn es heiβt: *M wie mmmh* streicht man sich kreisförmig über den Bauch, wie wenn etwas besonders gut schmeckt.

Textvariante: Man kann statt *mmmh* ein Wort mit M im Anlaut singen, z.B. Mond, Mund oder Maus.

Die Geschichte im zweiten Lied wird mit Gesten und Gebärden begleitet:

- für das müde M legt man den Kopf seitlich auf die zusammengelegten Hände
- wenn das M munter wird, schnipsen die Kinder mit den Fingern
- den Hunger zeigen sie, indem sie sich über den Bauch streichen
- die kochende Mutter begleiten die Kinder durch rührende Bewegungen, wie in einem Topf
- bei *Mmmh, das schmeckt gut* streichen sich die Kinder wieder über den Bauch
- wenn das M schlafen geht, legt man den Kopf wie zu Beginn auf die Hände
- den Mond zeichnen die Kinder als runden Kreis in die Luft
- die singende Mutter spielt man, indem man das M im Arm hin und her wiegt

Nein!

Track 17

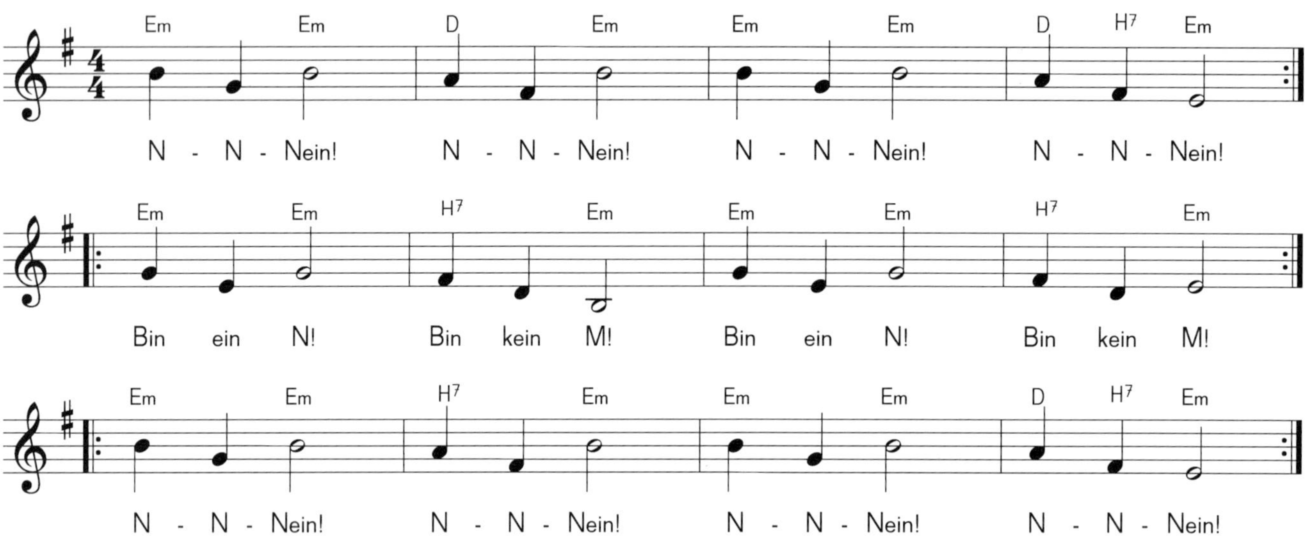

Singen und Spielen

Um das N deutlich vom M abzusetzen, sollte dieses Lied nach dem M-Lied eingeübt werden. Das rhythmische *N-N-Nein* soll die drei Striche des N veranschaulichen. Parallel zum Singen können die Kinder wieder die drei N-Striche in die Luft oder auf den Rücken des Vordermanns malen.

Hier und auch bei den anderen Liedern lassen sich Lautgebärden hervorragend ergänzend einsetzen, z.B. die Gebärden aus dem Buch „Mit Phantasie und Fehlerpflaster" von Lisa Dummer-Smoch (München, 2002).

Hallo, hallo!

Track 18

Singen und Spielen

Die Kinder bekommen ein O (aus Pappe, Filz, o.Ä.), welches mit einem Bändchen versehen ist, so dass man es später z.B. aufhängen kann.
Dazu wird noch ein Fernsehbildschirm aus Pappe benötigt, das kann z.B. ein Rahmen mit rechteckigem Fenster sein, auf dem vorne Knöpfe zur Bedienung angebracht werden.
Jedes Kind darf nun das O spielen. Es stellt sich zunächst im Bildschirm-Fenster vor. Während des Liedes begibt es sich mit dem Kopf über den Rahmen. Dann geht es von Kind zu Kind, sagt den Kindern reihum *Hallo* ins Ohr und endet am Schluss mit *O-O-O,* indem es mit dem Finger einen Kreis um den offenen O-Mund zeichnet.
Alle Kinder werden aufgefordert, das O nachzumachen.

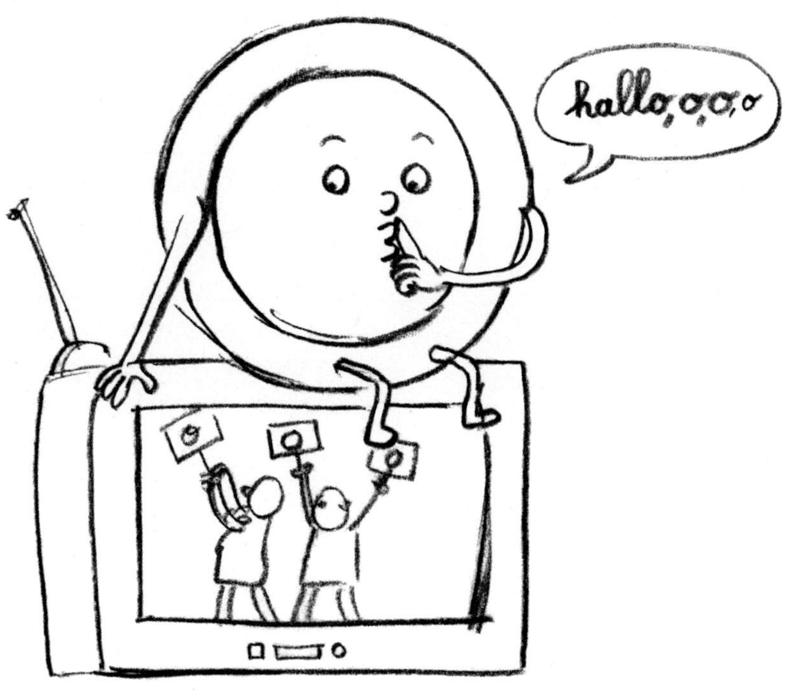

Pit Pustewind, der Flusspirat

Track 19

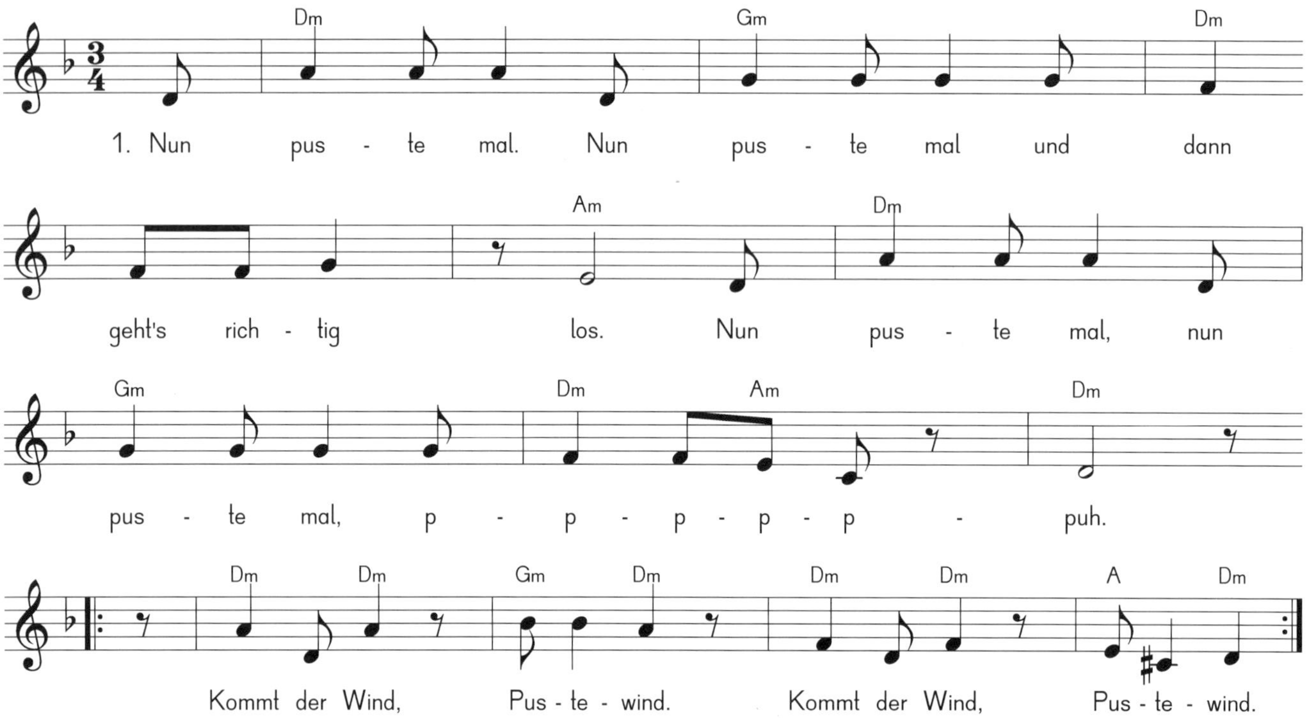

2. Pit Pustewind hieß Pauls Papa, er war ein Flusspirat. Er paddelte auf hoher See, p-p-p-p-p-puh. Kommt der Wind, Pustewind. Kommt der Wind, Pustewind (*wiederholen*).

3. Und Paulchen und Pauline, ja, die warteten auf Post von Papa Pit, dem Flusspirat, auf hoher wilder See. Von Papa, von Papa, von Papa, von Papa (*wiederholen*).

4. Da pochte es laut, poch, poch, poch, an ihrer alten Tür. P-poch, p-poch, p-poch, p-poch, was will der Postmann hier? Von Papa, von Papa, von Papa, von Papa (*wiederholen*).

5. Oh prima, prima, ein Paket, was ist da wohl verpackt? Oh prima, prima, ein Paket, pack's aus, pack's aus, zack, zack. Von Papa, von Papa, von Papa, von Papa (*wiederholen*).

6. Da packten sie, du glaubst es kaum, die schönsten Sachen aus. Sie machten einen Purzelbaum und hielten's fast nicht aus. Von Papa, von Papa, von Papa, von Papa (*wiederholen*).

7. So schöne pinke Perlen waren für Pauline drin, für Paul Pralinen aus Peru und einen Pinguin. Von Papa, von Papa, von Papa, von Papa (*wiederholen*).

8. Der Pinguin erzählte dann von Pit, von Pauls Papa, und fragte dann: „Wollt ihr nicht mit nach Südamerika?“ Kommt der Wind, Pustewind. Kommt der Wind, Pustewind (*wiederholen*).

9. Nun puste mal, nun puste mal und dann geht's richtig los. Nun puste mal, nun puste mal, p-p-p-p-p-puh. Kommt der Wind, Pustewind. Kommt der Wind, Pustewind (*wiederholen*).

Singen und Spielen

Dieses Lied kann als kleines Spielstück aufgeführt werden. Dabei gibt es verschiedene Rollen zu besetzen: Pit Pustewind, Paul und Pauline, den Postmann, Paul Pinguin. Alle anderen Kinder können die Schiffsmannschaft spielen.
Folgende Requisiten werden benötigt:
Ein Paket mit pinkfarbenen Perlen. Falls Paul Pinguin nicht von einem Kind gespielt wird, wäre ein Stofftier-Pinguin geeignet.

Zu Beginn des Liedes sitzen alle Kinder im Kreis. Sie imitieren die Geräusche und die Bewegungen, z.B. den Wind, das Rudern, das Pochen an der Tür.
Das Ende des Liedes mündet wieder in den Anfang. Nun paddeln die Kinder mit Paul Pinguin auf hoher See. Die Kinder werden viel Spaß dabei haben, Piraten zu spielen. Man kann diese Einheit weiter ausbauen, indem man Piratenhüte und eine Piratenflagge bastelt, Seemannslieder singt, weitere Seemannsschätze mit P findet usw.

Quaken, quengeln, quasseln, quieken

Track 20

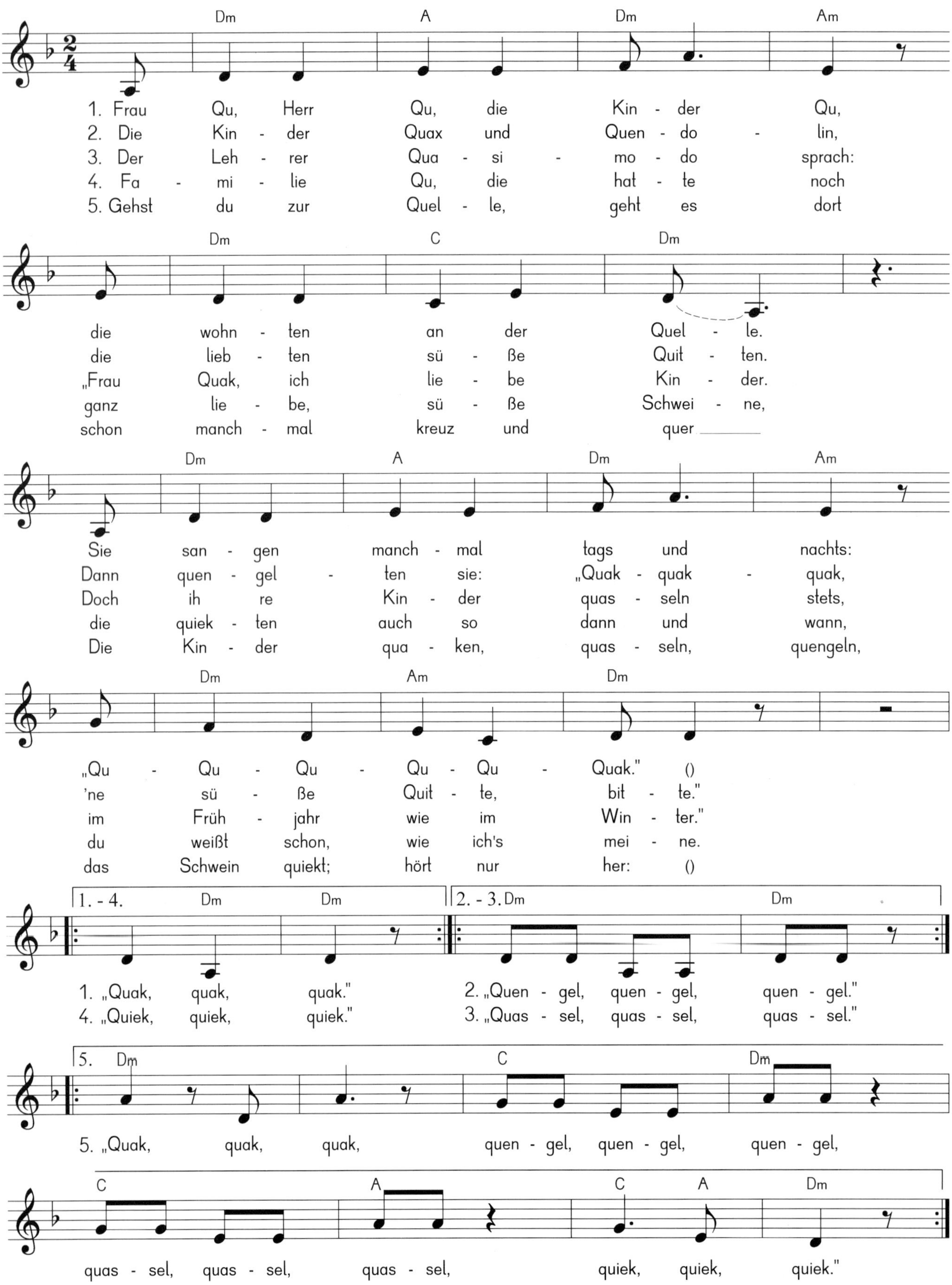

Singen und Spielen

Auch bei diesem Lied gibt es verschiedene Rollen zu besetzen: Familie Qu (Vater, Mutter, zwei Kinder), den Lehrer Quasimodo, die Schweine.

Der Liedtext wird gesungen und gespielt. An den entsprechenden Stellen sollen die Kinder quaken, quengeln, …
Luftballons, aus denen langsam die Luft entweicht, können das Quieken ergänzen oder ersetzen.

Der Riese Riesengroß

Track 21

Singen und Spielen

Die Kinder stimmen sich ein, indem sie mit Wasser gurgeln. Das Gurgeln ist die Vorübung zum R. Während des Liedes wird immer an den Stellen, an denen das *R-R* erfolgt, das Gurgeln imitiert. Alle Bewegungen während des Liedes sollen die Schreibweise begleiten: Wenn der Riese kommt, wird später der Aufstrich zum R gezogen, bei *mache mich rund* kommt der Rundbogen und die Rutsche ist der schräge Strich nach unten.

Das Lied wird mit folgenden Bewegungen begleitet:

1. Auftakt: gurgeln
2. *Riese*: sich zur Decke strecken
3. *rasen:* auf der Stelle joggen
4. *ruhe mich aus*: ausruhen
5. *mache mich rund*: den Rücken krümmen und sich mit den Händen an die Knie fassen
6. *rutsche den Berg hinunter*: mit den Händen zum Boden fassen, den Boden berühren und mit den Händen entlang rutschen, bis man liegt

Summ, summ, summ

Track 22

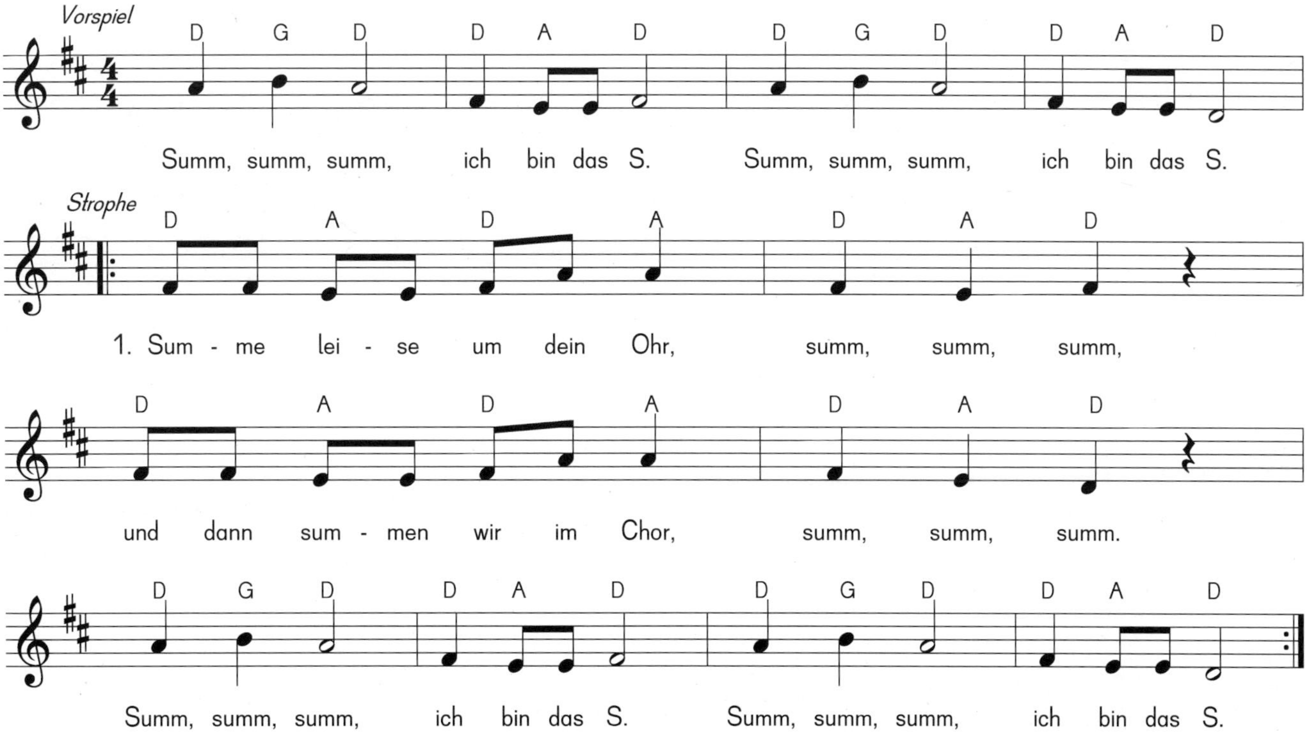

2. Fliege um die Stühle, summ, summ, summ, setz mich hin und fühle, summ, summ, summ.
3. Flieg hinauf ins Sonnenlicht, summ, summ, summ, und dann um die Sonne rum, summ, summ, summ.
4. Fliege bis zum blauen See, summ, summ, summ, summe dann der schönen Fee um ihr Ohr herum.
5. Zaubert dann die schöne Fee, summ, summ, summ, die Schlange Susi aus dem See, summ, summ, summ.
6. Seht die Schlange Susi an, summ, summ, summ, wie sie ein S machen kann, S, S, S.
7. Kommt der Silbermond hervor, summ, summ, summ, flieg ich leise um ihr Ohr, summ, summ, summ.

Singen und Spielen

Ein paar Stühle werden zu einem großen S gestellt. Alle Kinder sitzen im Stuhlkreis um die Stühle herum. Ein Kind darf die Fliege S sein. Die Fliege S summt zuerst jedem Kind ins Ohr und dann singen alle Kinder im Chor (1. Strophe). Bei der 2. Strophe fühlen alle Kinder das S bzw. das Summen im Mund. Dann fliegen alle in Kurvenbewegungen *um die Sonne rum* (die Fliege macht alles immer vor). In Kurvenbewegungen fliegen alle hinunter zum *blauen See.* Dort taucht die *schöne Fee* auf, das kann z.B. ein Kind sein, welches in ein blaues Tuch gehüllt ist. Die Fliege S fliegt der blauen Fee ums Ohr. Die Fee zaubert in der 5. Strophe die *Schlange Susi aus dem See.* Die Schlange kann von einem Kind gespielt werden oder man bastelt eine schöne große Schlange und bewegt sie mit einem Perlonfaden. Alle Kinder zischen das Schlangen-S. Dann bringt ein Kind den Silbermond (z.B. ein mit Folienpapier überzogener Halbmond aus Pappe, welchen man an einem Laternenstab aufhängt) und die Fliege S fliegt der Schlange ums Ohr.

Von Trauben, Torten und einem Tänzer

Track 23

Singen und Spielen

Die Lehrkraft macht mit beiden Händen ein T vor: Die linke Hand bildet das „Dach" – den Querstrich des T, die rechte Hand bildet den senkrechten T-Strich. Die Fingerkuppen stoßen an die Handfläche der linken Hand. Während der ersten Strophe wird das T von den Kindern gleichermaßen nachgestellt. Dann kommt ein Kind, das vorher beauftragt wurde, mit Tassen und Tellern zur Tür herein. Ein anderes Kind bringt Trauben und Torte bzw. Kuchen. In der letzten Strophe taucht ein „taumelndes" Kind auf. Es trägt ein T aus Pappe. *Es tanzt und tanzt und tanzt durch die Reih'n.* Dabei singt es: *Ich bin das T, …*

Zeig mir den Schuh!

Track 24

2. U, U, U, U und jetzt kommst du,
U, U, U, U und jetzt kommst du.

3. U, U, U, U, zeig mir den Schuh,
U, U, U, U, zeig mir den Schuh.

4. U, U, U, U von U zu U,
U, U, U, U von Schuh zu Schuh.

Singen und Spielen

Die Lehrkraft malt ein U an die Tafel und singt dazu begleitend die 1. Strophe des Liedes. Sie gibt die Kreide an ein Kind weiter. Dieses soll auch ein U an die Tafel malen. Dazu begleitend wird die 2. Strophe gesungen.
Dann wird ein Kreis gebildet. Die Lehrkraft nimmt einen ihrer Schuhe und zeigt ihn den Kindern. Dazu wird die 3. Strophe des Liedes gesungen. Die Lehrkraft stellt ihre Schuhe auf ein Papier und zeichnet die Ferse mit einem dicken Stift nach, so dass sich ein U ergibt. Dann wird der Stift wieder einem Kind übergeben und die Musik kurz unterbrochen: Alle Kinder benutzen ihre Schuhe oder Fersen als Vorlage für die U's, indem sie die Absätze oder Fersen mit dem Stift umfahren. Falls sie es schon können, schreiben sie auch ihren Namen daneben.
Die Kinder zeigen ihre Schuhe und stellen sich auf ihr Blatt. Begleitend dazu wird nochmals die 3. Strophe gesungen.
Die Kinder gehen im Kreis von Blatt zu Blatt, bis sie wieder bei ihrem Schuhpaar angekommen sind. Dazu wird wiederholt die 4. Strophe gesungen.
Anmerkung: Da U und O von manchen Kindern schlecht unterschieden werden können, wird das U so häufig als Auslaut im Wort *Schuh* gesprochen. Dort ist es in Verbindung mit dem Sch deutlicher als U zu hören.

Viktor Vampir

Track 25

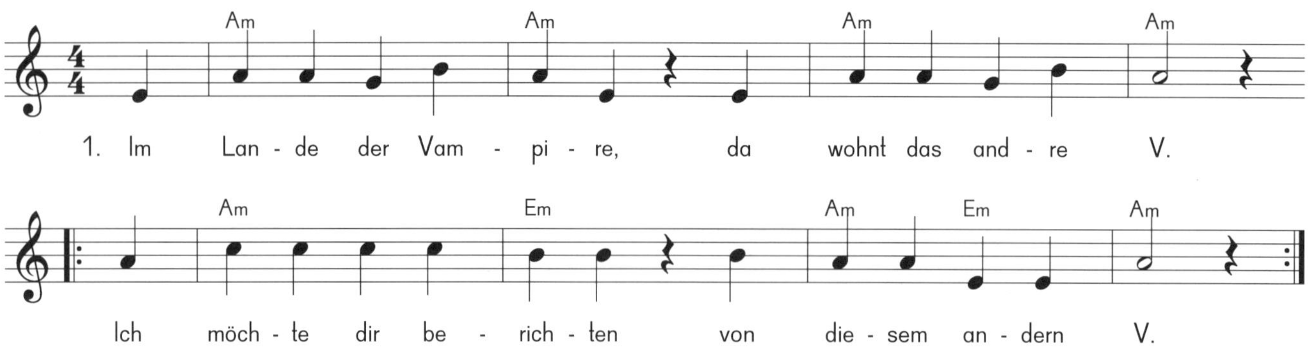

2. Vor vielen Jahren lebte dort Viktor, der Vampir. Er hatte auch vier Kinder und wohnte im Haus Vier *(wiederholen).*

3. An seiner Vordertüre, da stand ein V, schau, schau. Ganz violett und vogelgrau wie Viktors Vampirfrau *(wiederholen).*

4. Verwegen ragten vorne zwei Zähne aus dem Mund. Sie sehen aus wie V-V, so spitz wie bei 'nem Hund *(wiederholen).*

5. Bei Tag liegt Viktor Vampir in seinem Tagversteck. Bei Nacht ist er ein Vogel, krieg bitte keinen Schreck *(wiederholen).*

6. Das war vor vielen Jahren in längst vergangner Zeit, Vampire sind vergessen, nur nicht zur Faschingszeit *(wiederholen).*

7. Dann kannst du dich verwandeln in Viktor, den Vampir, und fliegen durch das V-Land und landen in Haus Vier *(wiederholen).*

Singen und Spielen

Damit sich das Vogel-V deutlich vom F-Laut absetzt, ist es *das andere V* und wohnt in einem anderen Land.
Viktor Vampir sollte an die Tafel oder auf ein Arbeitsblatt gemalt werden – mit zwei spitzen Vorderzähnen. Die Kinder malen die Vorderzähne rot nach (zwei V entstehen).

Zwei V werden aus weißem Karton ausgeschnitten und von den Kindern in violett und vogelgrau angemalt. Schön wäre es, das Haus Nr. 4 bereitzustellen (in Form eines Plakates, als Arbeitsblatt oder als Karton), in welches die Familie Vampir einzieht.

Das Lied bietet sich sowohl im Herbst, um Halloween herum, oder zur Faschingszeit bzw. zu Karneval an. Die Kinder können sich dann als Vampire verkleiden mit schwarzen Umhängen, mit Vampir-Gebissen oder weiß geschminkt mit blutunterlaufenen Augen.

Wind und Wellen

Track 26

Singen und Spielen

Der Anfang des Liedes gilt als Auftakt zur Einführung des W. Die Kinder sitzen im Kreis. Sie drehen sich so, dass jeder den Rücken eines benachbarten Kindes vor sich hat. Die Kinder schreiben sich gegenseitig das W auf den Rücken. Das Lied betont die 4 Striche des W: Ab-auf-ab-auf-Strich durch die vier gesungenen W am Anfang des Liedes.

Danach wird die Geschichte vom W einmal oder mehrmals gesungen und die Rollen verteilt. Benötigt werden ein Mädchen, ein Schäfchen, der Wind.
Das Geräusch des Windes kann mit Instrumenten oder z.B. mit Schläuchen verstärkt werden.

Ein Ton auf dem Xylophon

Track 27

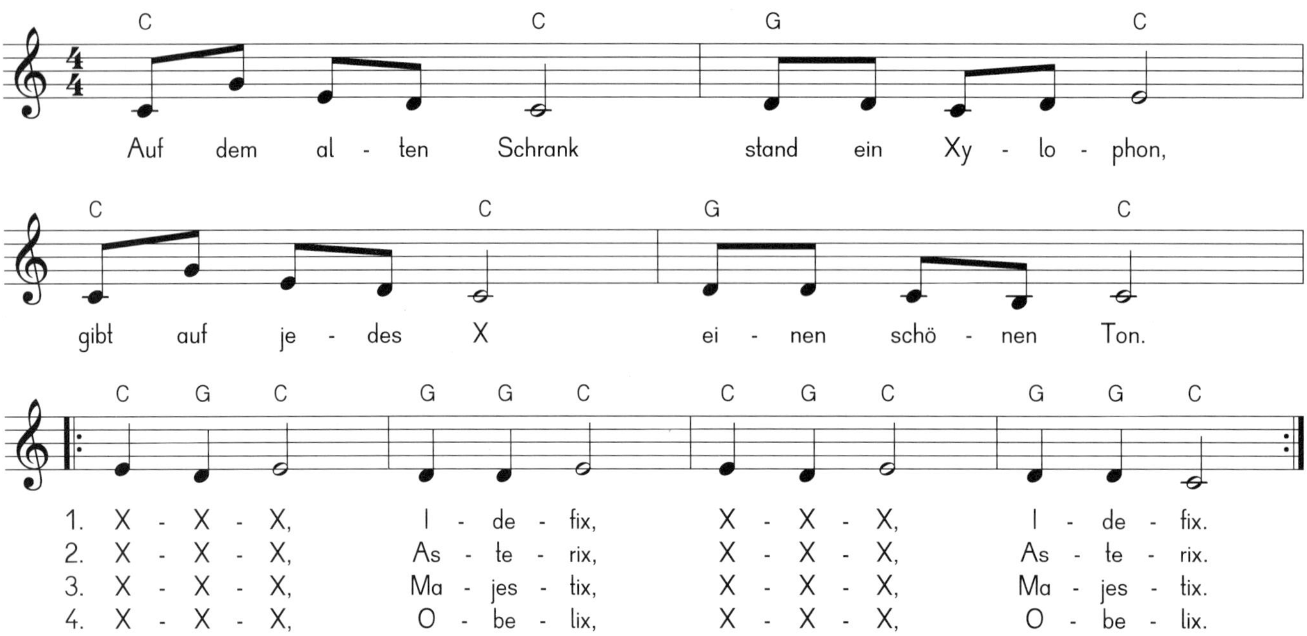

Singen und Spielen

Mit Hilfe einzelner Klangstäbe ist es einfach, das Lied zu begleiten. Falls ein Orff'sches Instrumentarium verfügbar ist, kann man sich der dort vorhandenen Xylophone (oder einzelner Holz-Klangstäbe) bedienen.
Die *einfachste* Begleitmöglichkeit: Es wird nur das X mit *einem* Ton angeschlagen. Am besten eignet sich hierfür der Ton G, da er in beiden Dreiklängen enthalten ist.
Die *komplexeste* Möglichkeit: Die gesamte Melodie wird mit dem Xylophon begleitet.

Dafür malt man nun rote und gelbe Punkte anstelle der Akkorde an die Tafel.
C-Dur: Die Einzeltöne C, E, G werden mit einem roten Klebepunkt markiert. G-Dur: Die Einzeltöne G, H, D werden mit einem gelben Klebepunkt markiert. Das G wird folglich mit rot und gelb versehen.
Das ergibt an der Tafel folgendes Punkte-Bild:

rot,	rot,	gelb,	rot,								
rot,	rot,	gelb,	rot								
rot,	gelb,	rot,	gelb,	gelb,	rot,	rot,	gelb,	rot,	gelb,	gelb,	rot
rot,	gelb,	rot,	gelb,	gelb,	rot,	rot,	gelb,	rot,	gelb,	gelb,	rot

Die angemalten Punkte werden der Textverteilung entsprechend mit einem Zeigestock an der Tafel angezeigt, die Kinder spielen dazu die einzelnen Töne. Eventuell können sie auch bei jedem X die Schlägel über Kreuz (in Form eines X) schlagen.

Y wie Yemek oder Yvonne

Track 28

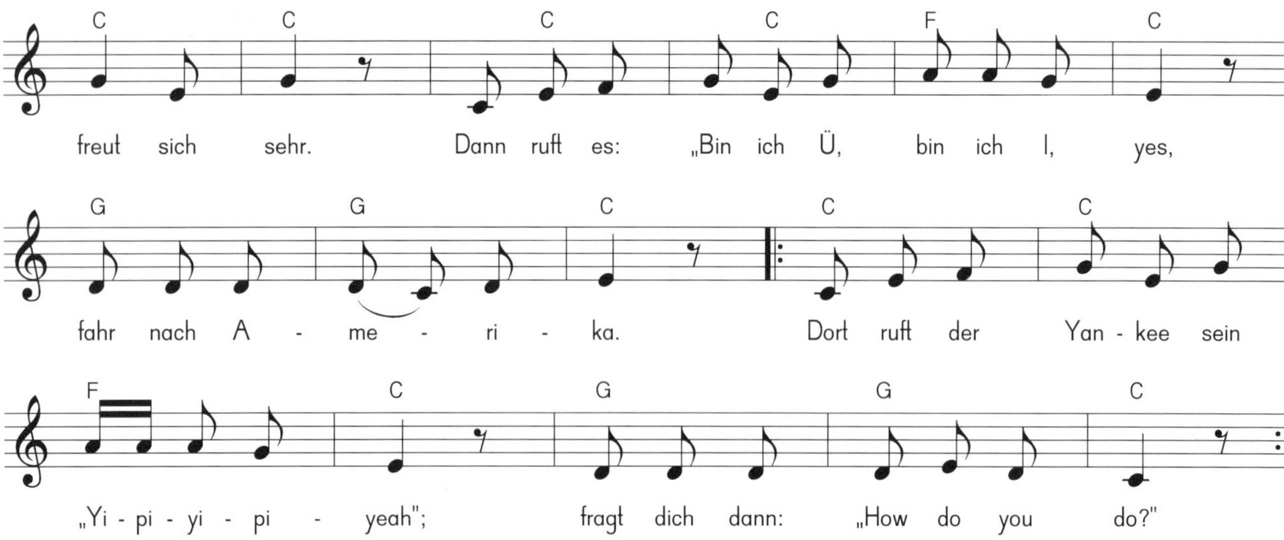

Singen und Spielen

Wenn das Ypsilon eingeführt wird, dürften schon fast sämtliche anderen Buchstaben behandelt worden sein. Es werden daher Wortkärtchen in mehrfacher Ausfertigung vorbereitet und eventuell auch mit Bildern versehen. Sie werden dann ausgeteilt und erklärt:

- Yelda (türkischer Mädchenname)
- Yemek (türkisches Wort für Essen)
- Yeti (Schneemensch/Wesen aus dem Himalaya)
- Yak (Rinderart in Asien)
- Ybbs (Ort an der Donau in Österreich)
- Ylang-Ylang (Baum/Strauch mit durftenden Blüten)
- Yankee (Spitzname für die Bewohner der USA)

Dann werden Rollen verteilt: Yelda kommt mit Essen, der Yeti mit dem Yak, Yvonne mit dem Duft Ylang-Ylang, das Ypsilon reitet als Yankee auf einem Pferd und reckt seine Arme (wie im Buchstaben Y nach links und rechts). Es steigt dann ab und stellt sich auf wie ein Y – mit gestreckten Armen und geschlossenen Beinen. Er ruft sein *Yipiyipiyeah* und fragt die anderen *How do you do?*
Die anderen Kinder werden aufgefordert, die genannten Wörter mit ihren Wortkärtchen anzuzeigen.

Im Zirkus Zwickel-zwackel-zwuck

Track 29

2. Im Zirkus Zwickel-zwackel-zwuck seht ihr drei Zebras Zick, Zack, Zuck. Sie laufen zügig, eins, zwei, drei, am großen Z vorbei. Eins, zwei, drei, am großen Z vorbei (*wiederholen*).

3. Im Zirkus Zwickel-zwackel-zwuck seht ihr drei Ziegen Zick, Zack, Zuck. Sie bringen zügig, eins, zwei, drei, den Zuckersack herbei. Eins, zwei, drei, den Zuckersack herbei (*wiederholen*).

4. Im Zirkus Zwickel-zwackel-zwuck streckt ihr die Zungen Zick, Zack, Zuck. Dann streuen Zwerge, eins, zwei, drei, ein Zucker-Z hei-hei. Eins, zwei, drei, ein Zucker-Z hei-hei (*wiederholen*).

5. Im Zirkus Zwickel-zwackel-zwuck seht ihr den Zaubrer Zick-zack-zuck. Er zaubert mit Zitronensaft ein großes Z herbei. Eins, zwei, drei, ein großes Z herbei (*wiederholen*).

Singen und Spielen

Die Kinder spielen Zirkus. Ein Kind ist der Zauberer Zick-Zack-Zuck. Des Weiteren gibt es noch drei Zebras, drei Ziegen und drei Zwerge. Schön wäre es, die Streifen der Zebras im Zick-Zack (wie aneinander gereihte Z) auf weiße Leintücher zu malen. Die Zwerge streuen in der 4. Strophe den Kindern (Zuschauern) jeweils ein Z mit Zucker auf die Zungen. In der 5. Strophe taucht der Zauberer eine Feder in Zitronensaft. Damit malt er ein Z auf ein Papier. Nachher wird dieses Z von seiner Assistentin (der Lehrkraft) gebügelt und es erscheint ganz deutlich auf dem Papier. Die Kinder können nachfolgend auch Zauber-Z's mit Zitronensaft schreiben.

Hohlbuchstaben (Bastelvorlage)

A B C

D E F

G H I

Hohlbuchstaben (Bastelvorlage)

J K L

M N O

P Q R

Hohlbuchstaben (Bastelvorlage)

Übersicht: Tracks auf der CD

Texte und Gesang: Hanna Haller, *Gitarre:* Hans-Dietrich Eckmaier, *Keyboard:* Frank Wendlers
Tonstudio: **jam**studios, Steinheim

Tracks		*Dauer*
1	**Alle sind da!**	1:04
2	**So schreibe ich das B**	0:35
3	**Backen mit dem B**	0:42
4	**Computer im Internetcafé**	0:57
5	**Ich drück dich**	1:27
6	**Von Elefanten, Elfen und Feen**	2:28
7	**Ei, ei, ei**	0:40
8	**Kleine Feder flieg**	0:59
9	**Ein glückliches, großes, glitzerndes Gefühl**	2:10
10	**Die kleine Hexe Heidiwei**	1:14
11	**I wie Ich!**	0:26
12	**Ja, ich bin da!**	0:39
13	**Knut Krimskrams und sein Kaufladen**	3:35
14	**Mal laut, mal leise**	0:35
15	**So schreibe ich das M**	0:42
16	**Mmmh!**	2:08
17	**Nein!**	0:52
18	**Hallo, hallo!**	0:39
19	**Pit Pustewind, der Flusspirat**	4:43
20	**Quaken, quengeln, quasseln, quieken**	2:09
21	**Der Riese Riesengroß**	1:08
22	**Summ, summ, summ**	3:38
23	**Von Trauben, Torten und einem Tänzer**	1:18
24	**Zeig mir den Schuh!**	1:23
25	**Viktor Vampir**	2:25
26	**Wind und Wellen**	1:33
27	**Ein Ton auf dem Xylophon**	1:53
28	**Y wie Yemek oder Yvonne**	2:41
29	**Im Zirkus Zwickel-zwackel-zwuck**	2:26

Kinder im Deutschunterricht individuell fördern!

Katharina Müller-Wagner/
Katja Hönisch-Krieg/
Beate Bosse

Buchstabenwerkstatt

- **Grundband**
  156 Seiten, DIN A4, kartoniert
  Best.-Nr. **3840**
- **Materialband 1**
  130 Seiten, DIN A4, kartoniert
  Best.-Nr. **3841**
- **Materialband 2**
  130 Seiten, DIN A4, kartoniert
  Best.-Nr. **3842**
- **Materialband 3**
  148 Seiten, DIN A4, kartoniert
  Best.-Nr. **3843**

Ein wahres Vergnügen für kleine Abc-Schützen! Der Lehrgang besteht aus dem **Grundband** mit speziell entwickelter Anlauttabelle, Geschichten und Arbeitsblättern zur Einführung aller Buchstaben sowie **drei Ergänzungsbänden**. Sie beinhalten weiterführendes Arbeits- und Übungsmaterial für jeden Buchstaben zur systematischen Festigung des Lernstoffs. Selbsttätigkeit und Handlungsorientierung werden hierbei groß geschrieben!

Inge Schmidtke

Lesekompetenz entwickeln

Erzähltexte für die Grundschule – ab 2. Schuljahr
90 Seiten, DIN A4, kartoniert
Best.-Nr. **3598**

Lesekompetenz entwickeln, aber wie?
Systematisch und kontinuierlich wird die Lesekompetenz anhand unterschiedlicher Texte entwickelt. Mit **pfiffigen Erzählungen** wird die Lesefreude geweckt. Mit Hilfe der abwechslungsreichen Arbeitsblätter lernen die Kinder, wie sie den Texten **Informationen entnehmen** können. Darüber hinaus erwerben sie die Fähigkeit, Texte zu interpretieren, zu verarbeiten und sie den Anforderungen entsprechend zu nutzen.
Indem die Schüler/-innen immer **unterschiedliche Lesestrategien** anwenden müssen, erwerben sie Schritt für Schritt wichtige **Verfahren zur Texterschließung**, die für das weitere Lesen und Lernen unerlässlich sind.
Für Grund- und Förderschulen hervorragend geeignet!

Darmstädter Freinet-Gruppe

Lesekartei

Buch mit 106 Kopiervorlagen

mit 9 vorgestalteten Blankokarten
110 Seiten, DIN A4, kartoniert
ab 1. Schuljahr
Best.-Nr. **M100**

Lesen macht Sinn!
Sinnerfassendes Lesen ist für viele Kinder nicht einfach. Diese Lesekartei bietet vielfältige, differenzierte Kopiervorlagen für Leseanfänger. Selbstbestimmt und handlungsorientiert lernen und üben sie, beantworten Fragen, lösen Rätsel, malen Bilder zu den Texten oder befolgen einfache praktische Bastelanleitungen. Mit **handgedruckten Texten** von Kindern und vorgestalteten **Blankokarten**!

Klaus Kleinmann

Lese-Rechtschreib-Schwäche?

***Das* Basistraining – anschaulich und systematisch**

160 Seiten, DIN A4, kartoniert
Best.-Nr. **3844**

Bei diesen Übungseinheiten werden alle Sinne angesprochen. Erst durch intensive sprachrhythmische Arbeit, Handzeichen, das Bewusstmachen der Sprechmotorik und das Lernen mit verschiedenen Sinnen können lese-rechtschreibschwache Schülerinnen und Schüler optimal gefördert werden.
Hervorragend einsetzbar in der Frühförderung, ab Anfang des 2. Schuljahres oder auch zur gezielten Förderung von Kindern mit Lese-Rechtschreib-Schwäche bis zum 5. Schuljahr.

Unterrichtsideen und Edition MoPäd

Bergedorfer®

Bestellcoupon

Persen

Ja, bitte senden Sie mir/uns mit Rechnung

____ Expl. ______________________ Best.-Nr. ______
____ Expl. ______________________ Best.-Nr. ______
____ Expl. ______________________ Best.-Nr. ______
____ Expl. ______________________ Best.-Nr. ______

☐ Ja, bitte schicken Sie mir kostenlos Ihren aktuellen Gesamtkatalog zu.

Bestellen Sie bequem direkt bei uns!
Telefon: 0 41 63/81 40 40
Fax: 0 41 63/81 40 50
E-Mail: info@persen.de

Bitte kopieren und einsenden an:

Persen Verlag GmbH
Postfach 2 60
D-21637 Horneburg

Meine Anschrift lautet:

____
Name/Vorname

____
Straße

____
PLZ/Ort

____
Datum/Unterschrift

____
E-Mail